EXERCICE

ET

MANOEUVRES DU CANON.

EXERCICES

ET

MANOEUVRES

DES

BOUCHES A FEU,

A BORD

DES VAISSEAUX DU ROI.

A BREST,

Chez Lefournier et Deperiers, Libraires
pour la Marine, Rue Royale, N.º 86.

1829.

BREST, Imprimerie de J.-B. LEFOURNIER.

EXERCICES ET MANOEUVRES

DES BOUCHES A FEU,

A BORD DES VAISSEAUX DU ROI.

Gréement d'un Canon.

NOM DE CHAQUE PARTIE.	SON USAGE.
Une brague.	Ayant ses deux extrémités amar-rées au bord, et passant par un trou de chaque flasque, ou par une cosse au-dessus du bouton de culasse. Elle sert à tenir l'affût contre le bord, et à borner son recul.
Une estrope de culasse. . . .	Pour accrocher le palan de re-traite, lorsque le canon est à la serre.
Un raban de volée.	Pour tenir la volée à la serre.
Une aiguillette.	Pour serrer la brague et la brider avec les palans, lorsque le canon est à la serre.
Une croupière.	Amarrée à l'essieu de derrière de l'affût. Elle sert à accrocher le palan de retraite.

NOM DE CHAQUE PARTIE.	SON USAGE.
Deux palans de côté......	Les poulies doubles sont accrochées contre le bord, et les simples, aux flasques. Pour manœuvrer le canon et le contenir au roulis.
Un palan de retraite......	La poulie double est accrochée à la croupiere de l'affut, et la simple à une boucle de derrière. Pour retenir le canon au recul, après le tir, le mettre hors de batterie et à la serre.
Deux rabans............ Une itaque............. Un palanquin...........	Servant à ouvrir et fermer les sabords.

Armement d'un Canon.

NOM DE CHAQUE PARTIE.	EMPLACEMENT DANS LA BATTERIE, disposée pour le combat.
Une corne d'amorce...... Une épinglette.......... Un dégorgeoir..........	Portés de gauche à droite, en bandoulière, par le chef de piece.
Une boîte à étoupille en fer-blanc................	Attachée autour du corps du chef de pièce par des courroies en cuir.
Un doigtier en cuir ou forte peau................	Au chef, pour couvrir la lumière, lorsque la piece est très-chaude.

NOM DE CHAQUE PARTIE.	EMPLACEMENT DANS LA BATTERIE, disposée pour le combat.	
Un couvre-lumière garni de ses rabans.............	Sur la lumière.	
Une tape.............	Pour fermer la bouche de la pièce.	
Un coussin. Deux coins de mire.	Sur la sole de l'affût, pour le pointage.	
Un anspect ou levier.......	Entre les servans et l'affût, le plus gros bout du côté du plat-bord.	*à gauche.*
Un gargoussier............	Contre le bord, derrière le premier servant.	
Un boute-feu garni d'une tresse en raban........	Piqué sur le bord d'une baille, en arrière de la pièce.	
Les boulets ronds........	Dans le parc contre le bord.	
Les boulets ramés........	Contre les boulets ronds.	
Les mitrailles.	Contre les boulets. Dans les batteries découvertes, elles sont dans les caisses.	
Les valets..............	Dans un filet, contre le bord.	
Bailles..............	A demi-distance des pièces et en arrière.	
Fauberts..............	Ils servent a mouiller les poudres qui peuvent se répandre sur le pont, et à rafraîchir la pièce lorsqu'elle est trop échauffée.	
Une pince.............	Sur le pont entre les servans et l'affût, les dents du côté de la culasse et en dessous.	*à droite.*

NOM DE CHAQUE PARTIE.	EMPLACEMENT DANS LA BATTERIE, disposée pour le combat.
Un écouvillon. . . . . Un refouloir.	Sur le pont, entre les servans et l'affut, la tete vers la culasse.
Cuillers. . . . . Tire-bourres.	Placés dans les batteries.

à droite.

Nota. L'écouvillon et le refouloir, la cuiller et le tire-bourre sont sur la meme hampe pour les calibres de 12 et au-dessous ; dans ce cas, la tete de l'écouvillon est tournée du côté de la culasse.

Le dernier servant de droite aura devant lui un petit tablier avec une poche pour contenir les pierres à feu de rechange, et le vieux linge qui doit servir à nettoyer la platine.

Dans les vaisseaux, frégates et corvettes, deux canonniers, par batterie, auront un grand sac qui contiendra un vilebrequin, quatre vrilles, un tournevis, deux platines de rechange, de la ligne pour faire partir la platine, et du vieux linge.

Dans les bricks et bâtimens au-dessous de dix canons, il n'y aura qu'un grand sac.

État des Hommes nécessaires pour le Service d'un Canon.

	36.	24.	18.	12.	8.	6.	4.
Chefs de pièce.	1	1	1	1	1	1	1
Servans.	12	10	8	8	6	4	4
Pourvoyeurs.	1	1	1	1	1	1	1
TOTAUX.	14	12	10	10	8	6	6

Le chef de pièce, qui est le pointeur, est placé

derrière la culasse ; tous les servans sont distribués également de droite et de gauche, et le premier de droite est le chargeur. Le pourvoyeur, qui va chercher la poudre pendant le combat, est placé derrière le premier servant de gauche pour avoir soin du gargoussier. Lorsqu'il est dans la batterie, le chef de pièce peut l'employer par-tout ou il le juge nécessaire.

EXERCICE DU CANON.

AVERTISSEMENT.

Les pièces devant toujours être chargées lorsque les vaisseaux sont hors des ports, l'exercice commence d'après cette supposition ; il commence aussi d'après celle que le branle-bas de combat est fait : à ce commandement général, il est prescrit, 1.º aux pourvoyeurs d'aller chercher à la sainte barbe les cornes d'amorce, boîtes à étoupilles, ainsi que les gargoussiers, et aux derniers servans de droite, les tabliers garnis et platines qui ne seront pas susceptibles de rester aux canons ; 2.º aux autres servans et canonniers de se rendre à leur pièce, et d'y placer pour le combat les attirails et munitions nécessaires à son service ; 3.º à tous les hommes de la pièce de la mettre sur son amarrage simple, en la débarrassant de tout ce qui peut gêner sa manœuvre, ainsi que d'accrocher le palan de retraite à la croupière de l'affût et à la boucle de derrière.

Lors des exercices en détail, celui qui commande prononce le commandement et le nombre des temps ; il nomme ensuite chaque temps et le détaille. Les canonniers sont attentifs, et ne commencent le mouvement qu'au commandement ACTION, qui termine chaque temps.

ROULEMENT. (1)

Le roulement indique qu'on va commencer l'exercice, et qu'il faut observer le plus grand silence ; alors les chefs de pièce font face au sabord ; les servans de droite et de gauche font face à leurs pièces ; l'alignement se rectifie sur les deux premiers servans ; tous se serrent à bord, de manière que les coudes s'affleurent, la tête haute, l'œil dirigé du côté du chef, les pieds sur le même alignement, le corps d'à-plomb, les bras pendans, les mains dans les rangs, ouvertes et à plat sur les cuisses. A la fin du roulement, chacun reste immobile.

1.er COMMANDEMENT.

DÉTAPEZ, DÉMARREZ VOS CANONS. (2)

UN TEMPS.

Le premier servant de droite d'étape le canon et place la tape contre le bord derrière lui. Le chef de pièce, aidé des servans placés près de lui, démarre le canon et l'assujettit contre le bord, en passant au collet du bouton de culasse un tour de chaque garant, qu'il fait tenir par les deuxièmes servans de droite et de gauche ; puis il ôte le couvre-lumière et le passe au troisième servant de droite, qui le met près du bord, en arrière des servans. — ACTION.

2.e COMMANDEMENT.

DÉGORGEZ, AMORCEZ. (3)

UN TEMPS.

Le chef de pièce prend le dégorgeoir de la main droite, perce la gargousse, et s'assure, au mouvement du poignet et à la longueur de la sonde, qu'elle est percée ; il ouvre la boîte à étoupilles ; en prend une et la ferme promptement ; puis il décoiffe l'étoupille et l'introduit dans la lumière ; il prend la corne d'amorce de la main droite, ouvre le bassinet de la main gauche, le remplit de poudre, le ferme promptement et passe la corne d'amorce derrière lui. — ACTION.

3.e COMMANDEMENT.

POINTEZ. (4)

TROIS TEMPS.

1.er *Temps*. Le chef de pièce se place à droite du palan de retraite, le pied gauche en avant et à plat, le genoux plié, la jambe droite allongée, la main gauche sur la plate-bande du canon, et la main droite sur la poignée du coin de mire ; les troisièmes servans, aidés des quatrièmes pour les gros calibres, prennent les pinces et anspects, les placent sur les adents de l'affût, élèvent ou baissent la culasse au commandement du chef de pièce jusqu'à ce que le canon soit de bonne hauteur. — ACTION.

2.e *Temps*. Les mêmes servans embarrent aux flasques pour diriger la pièce à droite ou à gauche ; le chef décapelle les garans, en charge les derniers servans, aidés de ceux qui ne sont pas occupés au pointage, pour que tous contiennent la pièce au sabord ; puis il arme la platine, en prend le cordon de la main droite et se porte vivement en arrière, au-delà du recul du canon. Il pointe en s'inclinant et en mettant dans le même alignement son œil, le point de mire de la culasse et celui de la volée. — ACTION.

3.ᵉ *Temps.* Lorsque le pointage est fini, le chef fait le commandement . *à postes*, auquel les servans chargés des pinces et anspects, les retirent de dessous les flasques, viennent reprendre leur alignement, et les tiennent le bout posé sur le pont, de manière que les roues de l'affût ne puissent passer dessus en cas du recul de la pièce. — ACTION.

4.ᵉ COMMANDEMENT.

AU BOUTE-FEU.

UN TEMPS.

Le dernier servant de gauche saisit le pied du boute-feu de la main droite : il en prend la tête de la main gauche ; il se place vis-à-vis l'essieu de derrière faisant face au sabord ; il se baisse, pour souffler la mèche, bien au-dessous de la hauteur de la lumière, le porte ensuite à quatre doigts de la plate-bande de la culasse pour mettre le feu au commandement du chef. — ACTION.

5.ᵉ COMMANDEMENT.

FEU. (5)

DEUX TEMPS.

1.ᵉʳ *Temps.* Si le pointage est bon, le chef de pièce cherche le moment favorable pour tirer ; et, dès qu'il l'a trouvé, il l'indique par un signal ; puis il fait feu en donnant un coup de poignet, sec, au cordon de la platine. Si le coup ne part pas, et que le chef juge sa direction bonne, il fait le commandement *feu*, dès que la position du bâtiment le permet ; alors le servant l'exécute en portant la mèche à l'aigrette de l'étoupille, de manière que le boute-feu ne soit pas au-dessus de la lumière ; puis il le retire vivement et le reporte à sa place dès que le coup est parti.

A ce même signal pour faire feu, les servans chargés des garans de palans les laissent tomber hors de la direction des roues ; ceux qui ont l'anspect et la pince, les posent sur le pont ; tous les servans, à l'exception des premiers de droite et de gauche, se portent vivement au palan de retraite pour l'abraquer au recul et même le palanquer, si le canon n'est pas assez rentré. Le premier servant de droite prend la pince par le gros bout pour caler les roues, dès que l'affût n'est plus au sabord ; il doit aussi parer les palans et bragues avec le premier servant de gauche, et le dernier servant de gauche fait une demi-clef sur le palan de retraite. — ACTION.

2.ᵉ *Temps.* Les troisièmes servans de droite et de gauche, aidés des quatrièmes pour les gros calibres, prennent la pince et l'anspect, l'embarrent sous la culasse et l'élèvent suivant l'indication du chef, qui place le coussin et le coin de mire, de manière à mettre la pièce à même d'être chargée ; les autres servans rouent les garans de palans de côté et de retraite, l'anspect est remis à sa place, la pince en travers des roues, et chacun retourne à son poste. — ACTION.

6.ᵉ COMMANDEMENT.

BOUCHEZ LA LUMIÈRE, ÉCOUVILLONNEZ. (6)

DEUX TEMPS.

1.ᵉʳ *Temps.* Le chef de pièce prend le dégorgeoir de la main droite et l'enfonce dans la lumière pour voir si elle est dégagée ; il la bouche bien ensuite avec le pouce, de la main gauche, jusqu'à ce que la pièce soit chargée, ne l'ôtant que pendant les momens où il se sert du dégorgeoir ; le premier servant de droite se porte en même temps à la volée du canon, en passant par dessus les palans et bragues, et le deuxième servant lui remet l'écouvillon, qu'il enfonce aussitôt au fond de la pièce. — ACTION.

2.ᵉ *Temps.* Le premier servant de droite tourne plusieurs fois l'écouvillon au fond de la pièce dans le même sens, qui est celui nécessaire pour faire prendre son tire-bourre, et il le retire en le tournant du même côté ; il le pose sur la volée de la pièce, le secoue trois ou quatre fois pour faire tomber les culots des gargousses et la crasse.

Le chef de pièce passe le dégorgeoir dans la lumière pour s'assurer qu'elle est parée ; si elle ne l'est pas, il fait repasser l'écouvillon dans l'ame pour écouvillonner de nouveau, jusqu'à ce qu'elle soit dégagée, et il rebouche la lumière. Le dernier servant de droite en même temps nettoie la platine, met son chien au repos, puis il reprend son poste. — ACTION.

7.ᵉ COMMANDEMENT.

AU REFOULOIR.

UN TEMPS.

Le premier servant remet au second l'écouvillon ; il reçoit de lui le refouloir, dont il place le bouton sur la tête de l'affût et tient la hampe des deux mains. Si c'est du petit calibre, il change l'écouvillon en refouloir qui se trouve sur la même hampe. — ACTION.

8.ᵉ COMMANDEMENT.

LA GARGOUSSE DANS LE CANON, A LA POUDRE.

UN TEMPS. (7)

Le premier servant de gauche fait un demi à gauche, reçoit du pourvoyeur la gargousse, qu'il place dans le canon, le culot le premier, la couture en dessous. Le second servant prend un valet qu'il remet au premier pour le placer sur la gargousse ; le premier servant de droite les enfonce avec le refouloir jusqu'au fond du canon, alonge le bras droit de toute sa longueur, a la main gauche sur la volée du canon et le corps un peu incliné en avant, prêt à refouler. Dès que le pourvoyeur a remis la gargousse, il va en chercher une autre, ayant le gargoussier sous le bras gauche et la main droite sur son couvercle.

9.ᵉ COMMANDEMENT.

REFOULEZ. (8)

UN TEMPS.

Le premier servant de droite refoule trois coups et abandonne la hampe du refouloir en effaçant le corps.

Le chef de pièce passe le dégorgeoir dans la lumière pour s'assurer que la gargousse est rendue ; si elle ne l'est pas, il fait refouler de nouveau ; si elle l'est, il fait un signal de la main auquel le premier servant retire le refouloir et en place le bouton sur la tête de l'affût ; en même temps le second servant de gauche se baisse vivement et prend un boulet qu'il remet au premier ; il prend ensuite un valet. — Action.

10.ᵉ COMMANDEMENT.

LE BOULET ET LE VALET DANS LE CANON. (9)

UN TEMPS.

Le premier servant de gauche met le boulet dans le canon, l'empêche de tomber en plaçant la main droite devant la bouche de la pièce, il reçoit du second servant le valet, qu'il prend de la main gauche et qu'il place sur le boulet.

Le premier servant de droite enfonce aussitôt le valet sur le boulet avec le refouloir ; il s'assure qu'il est rendu par la longueur de la hampe, en rend compte au chef ; il allonge le bras droit de toute sa longueur, a la main gauche sur la volée et le corps incliné en avant, prêt à refouler ; les premier et second servans de gauche reprennent leur poste. — Action.

11.ᵉ COMMANDEMENT.

REFOULEZ.

UN TEMPS.

Le premier servant de droite refoule deux coups ; il retire le refouloir et le passe au second ; qui le pose sur le pont.

Si c'est du petit calibre, il change le refouloir en écouvillon : les premier et second servans de droite reprennent leur poste. — Action.

12.ᵉ COMMANDEMENT.

EN BATTERIE.

DEUX TEMPS.

1.ᵉʳ *Temps* Le premier servant de droite décale les roues, et pose la pince à sa premiere place ; puis, avec le premier servant de gauche, ils soutiennent les bragues pour éviter qu'elles ne s'engagent pendant le mouvement.

Le dernier servant de gauche défait la demi-clef du palan de retraite, et tient le garant pour filer à mesure que la pièce ira en batterie.

Tous les autres servans se rangent sur les palans de côté. — ACTION.

2.ᵉ *Temps.* Le chef de pièce commande, *palinquez* ; tous les servans agissent ensemble pour mettre la pièce en batterie, droit au milieu du sabord ; et aussitôt qu'elle y est, le chef a soin de l'assujettir en passant un tour de chaque garant au collet du bouton : les garans sont tenus par les deuxièmes servans de chaque côté. — ACTION.

Nota. Si l'on continue l'exercice, on reprend au second commandement ; si l'on ne continue pas, on termine par le commandement qui suit.

Ce commandement suppose que l'amarrage des canons doit être simple ; s'il devait être à la serre, ou de tout autre genre, il faudrait l'énoncer et le faire exécuter en conséquence.

13.ᵉ COMMANDEMENT.

TAPEZ, AMARREZ VOS CANONS.

DEUX TEMPS.

1.ᵉʳ *Temps.* Le troisième servant de droite remet le couvre-lumière au chef de pièce, qui l'amarre sur la culasse, et qui ensuite décapelle les palans et les fait tenir par les derniers servans ; il fixe, entre les flasques et les garans, le mou de la brague, qui est soutenu par les deuxièmes servans ; il fait roidir les palans par tous les servans ; il les arrête par un tour mort au collet du bouton, et en passant le double de chaque garant entre ce garant et la plate-bande de culasse de dessus en dessous. — ACTION.

2.ᵉ *Temps*. Le premier servant de droite met la tape au canon ; les autres servans rouent les garans de palans, les amarrent le long des flasques, et mettent les attirails nécessaires à la manœuvre aux places où ils étaient auparavant. Le dernier servant de gauche décroche le palan de retraite et le place sur le canon ; le pourvoyeur reporte à la sainte barbe les cornes d'amorce, boîtes à étoupilles et gargoussiers ; le dernier servant de droite y reporte aussi les tabliers et les platines qui ne sont pas susceptibles de rester aux pièces. — ACTION.

ROULEMENT.

Au roulement, chacun reprend son poste, comme au commencement de l'exercice, et ne le quitte que lorsqu'on bat la breloque.

Gréement et armement d'une Caronade à Brague fixe.

NOM DE CHAQUE PARTIE.	EMPLACEMENT DANS LA BATTERIE, disposée pour le combat.
Une brague...........	Amarrée à bord. Elle passe par le trou de brague placé sur le bouton de la culasse : elle sert à empêcher le recul..
Une corne d'amorce...... Une épinglette......... Un dégorgeoir.........	Portés de gauche à droite, en bandouliere, par le chef de piece.....
Une boîte à étoupilles en fer-blanc...............	Attachée autour du corps du chef de pièce par des courroies en cuir.
Un doigtier en cuir ou forte peau..............	Au chef, pour couvrir la lumière, lorsque la pièce est tres-chaude.
Un couvre-lumière garni de ses rabans...........	Sur la lumière.
Une tape.............	Pour fermer la bouche de la pièce.
Une vis de pointage.....	Sous le bouton de culasse pour hausser ou baisser la caronade.
Un levier en fer.........	Tenu à la semelle par une goupille, pour diriger le pointage.
Un gargoussier.........	Contre le bord, derrière le servant.
Un boute-feu garni d'une tresse en raban.......	Piqué sur le bord d'une baille, en arrière de la pièce.

à gauche.

NOM DE CHAQUE PARTIE.	EMPLACEMENT DANS LA BATTERIE, disposée pour le combat.	
Les boulets ronds.	Dans des parcs contre le bord.	à gauche.
Les mitrailles.	Contre les boulets, dans des caisses.	
Les valets.	Dans un filet contre le bord.	
Un écouvillon. . . . . Un réfouloir.	Sur le pont, entre les servans et l'affût, la tete vers la culasse.	
Les bailles. . . . . Les fauberts.	A demi-distance des pièces et en arriere. Ils servent à mouiller les poudres qui peuvent se répandre sur le pont, et à rafraîchir la pièce lorsqu'elle est trop échauffée.	

Il y aura par deux caronades, un coin de mire pour suppléer aux vis de pointage; plus un anspect et une pince pour les cas imprévus.

Le servant de gauche aura devant lui un petit tablier avec une poche pour contenir les pierres à feu de rechange, et le vieux linge qui doit servir à nettoyer la platine.

Quant aux grands sacs, on se conformera à ce qui est prescrit pour les canons.

État des hommes nécessaires pour le Service d'une Caronade de tout calibre, à Brague fixe.

Chef de pièce. . . . . 1.
Servans. 2.
Pourvoyeur. . . . . 1.

TOTAL. . . . . . 4.

Le chef de pièce, qui est le pointeur, est placé derrière la culasse ; un servant, placé à droite, est le chargeur, et l'autre servant est à gauche. Le pourvoyeur qui va chercher la poudre pendant le combat, est placé derrière le servant de gauche pour avoir soin du gargoussier. Lorsqu'il est dans la batterie, le chef de pièce peut l'employer par-tout où il le juge nécessaire.

EXERCICES DES CARONADES
A BRAGUES FIXES.

AVERTISSEMENT.

Les pièces devant toujours être chargées lorsque les vaisseaux sont hors des ports, l'exercice commence d'après cette supposition ; il commence aussi d'après celle que le branle-bas de combat est fait : à ce commandement général, il est prescrit, 1.º aux pourvoyeurs d'aller chercher à la sainte barbe les cornes d'amorces, boîtes à étoupilles, ainsi que les gargoussiers, et aux servans de gauche, les tabliers garnis et platines qui ne sont pas susceptibles de rester aux caronades ; 2.º aux autres servans et canonniers de se rendre à leurs pièces, et d'y placer, pour le combat, les attirails et munitions nécessaires à leur service ; 3.º de mettre le levier de pointage en place, et de visiter les amarrages des bragues.

ROULEMENT. (1)

Le roulement indique qu'on va commencer l'exercice, et qu'il faut observer le plus grand silence ; alors les chefs de pièce font face au sabord ; les servans de droite et de gauche font face à leurs pièces ; l'alignement se rectifie sur les deux premiers servans ; tous se serrent à bord, de manière que les coudes s'affleurent, la tête haute, l'œil dirigé du côté du chef, les pieds sur le même alignement, le corps d'à-plomb, les bras pendans, les mains dans les rangs, ouvertes et à plat sur les cuisses. A la fin du roulement, chacun reste immobile.

1.er COMMANDEMENT.

DÉTAPEZ VOS CARONADES, DÉMARREZ
LE COUVRE-LUMIÈRE. (2)

UN TEMPS.

Le chargeur ôte la tape de la caronade et la place contre le bord derrière lui.

Le chef de pièce démarre le couvre-lumière et le place près du bord, en arrière du servant de droite. — ACTION.

2.e COMMANDEMENT.

DÉGORGEZ, AMORCEZ. (3)

UN TEMPS.

Le chef de pièce prend le dégorgeoir de la main droite, perce la gargousse, et s'assure, au mouvement du poignet et à la longueur de la sonde, qu'elle est percée ; il ouvre la boîte à étoupilles ; en prend une et la ferme promptement ; puis il décoiffe l'étoupille et l'introduit dans la lumière ;

il prend la corne d'amorce de la main droite, ouvre le bassinet de la main gauche, le remplit de poudre, le ferme promptement et passe la corne d'amorce derrière lui. — Action.

3.e COMMANDEMENT.

POINTEZ. (4)

DEUX TEMPS.

1.er *Temps.* Le chef de pièce se place à droite du levier de pointage, le pied gauche en avant et à plat, le genou plié, la jambe droite alongée, la main gauche à la plate-bande de culasse, et la main droite sur la poignée de la vis de pointage; il fait mouvoir la vis de pointage, de manière à élever ou baisser la culasse, jusqu'à ce que la caronade soit à bonne hauteur. — Action.

2.e *Temps.* Le chef de pièce arme la platine, en prend le cordon de la main droite et se porte vivement en arrière, au-delà du bout du levier de pointage; en même temps les servans de droite et de gauche s'en approchent pour diriger la caronade d'après le signal du chef, qui s'incline et pointe en mettant dans le même alignement son œil, le point de mire de la culasse et celui de la volée. Lorsque le pointage est fini, il fait le commandement, *à poste*, auquel les servans reprennent leur première position. — Action.

4.e COMMANDEMENT.

AU BOUTE-FEU.

UN TEMPS.

Le servant de gauche saisit le pied du boute-feu de la main droite; il en prend la tête de la main gauche ; il se place vis-à-vis le bouton de culasse , faisant face au sabord ; il se baisse, pour souffler la mèche, bien au-dessous de la hauteur de la lumière , le porte ensuite à quatre doigts de la plate-bande de culasse pour mettre le feu au commandement du chef. — ACTION.

5.ᵉ COMMANDEMENT.

FEU. (5)

UN TEMPS.

Si le pointage est bon , le chef de pièce cherche le moment favorable pour tirer ; et, aussitôt qu'il l'a trouvé, il l'indique par un signal ; puis il fait feu en donnant un coup de poignet, sec, au cordon de la platine. Si le coup ne part pas, et que le chef juge que sa direction soit bonne, il fait le commandement *feu*, dès que la position du bâtiment le permet, alors le servant de gauche l'exécute en portant la mèche à l'aigrette de l'étoupille, de manière que le boute-feu ne soit pas au-dessus de la lumière ; puis il le retire vivement. Dès que le coup est parti, le servant chargé du boute-feu le reporte à sa place , et chacun reprend son poste. — ACTION.

6.ᵉ COMMANDEMENT.

BOUCHEZ LA LUMIÈRE, ÉCOUVILLONNEZ. (6)

DEUX TEMPS.

1.ᵉʳ *Temps.* Le chef de pièce prend le dégorgeoir de la main droite et l'enfonce dans la lumière pour voir si elle est dégagée ; il la bouche ensuite avec le pouce de la main gauche, qu'il y tient jusqu'à ce que la pièce soit chargée, ne l'ôtant que pendant le moment où il se sert du dégorgeoir.

Le servant de droite se porte vivement à la volée de la caronade, passe le corps et la jambe droite en dehors du seuillet du sabord, et pose le pied droit sur un taquet disposé à cet effet : son pied gauche est appuyé en dedans. — ACTION.

2.ᵉ *Temps*. Le servant de gauche prend l'écouvillon, le donne au servant de droite, qui tourne plusieurs fois l'écouvillon au fond de la pièce dans le même sens, qui est celui nécessaire pour faire prendre le tire-bourre, et il le retire en le tournant du même côté; il le passe sur la volée de la caronade, et le secoue trois ou quatre fois pour faire tomber les culots de gargousses et la crasse.

Le chef de pièce passe le dégorgeoir dans la lumière pour s'assurer qu'elle est parée; si elle ne l'est pas, il fait écouvillonner de nouveau, jusqu'à ce qu'elle soit dégagée; il rebouche la lumière. Le servant de gauche en même temps, nettoie la platine et met son chien au repos; puis, il se porte à son poste. — ACTION.

7.ᵉ COMMANDEMENT.

LA GARGOUSSE DANS LA CARONADE, AU REFOULOIR, A LA POUDRE. (7)

UN TEMPS.

Le servant de droite remet l'écouvillon à celui de gauche, qui le pose contre le bord et se tourne ensuite vivement du côté du pourvoyeur pour en recevoir la gargousse, il la donne au servant de droite, qui la place dans la pièce, le culot le premier, la couture en dessous ; le servant de gauche remet l'écouvillon en place, prend le refouloir, le passe à celui de droite, qui s'en sert pour enfoncer la charge jusqu'au fond de la caronade ; il alonge le bras droit de toute sa longueur, a la main gauche sur la volée, le corps un peu incliné en avant, prêt à refouler. Dès que le pourvoyeur a remis la gargousse, il va en chercher une autre, ayant le gargoussier sous le bras gauche, et la main droite sur le couvercle. — ACTION.

8.ᵉ COMMANDEMENT.

REFOULEZ.

UN TEMPS. (8)

Le servant de droite refoule trois coups et abandonne la hampe du refouloir, en effaçant le corps.

Le chef de pièce passe le dégorgeoir dans la lumière pour s'assurer que la gargousse est rendue ; si elle ne l'est pas, il fait refouler de nouveau ; si elle l'est, il fait un signal de la main auquel, lo servant retire le refouloir et le passe au servant de gauche, qui le pose et prend vivement un boulet. — ACTION.

9.ᵉ COMMANDEMENT.

LE BOULET ET LE VALET DANS LA CARONADE.

UN TEMPS. (9)

Le servant de gauche pose le boulet sur la caronade, et le conduit avec les mains jusqu'à ce que le servant de droite puisse le prendre ; alors celui-ci l'introduit dans la caronade et place sa main droite devant la bouche de la pièce pour empêcher le boulet de tomber.

Le servant de gauche prend aussi un valet et le refouloir. Il remet d'abord le valet à celui de droite, qui le prend de la main gauche et le place sur le boulet ; puis il lui donne le refouloir, qu'il prend de la main droite, avec lequel il enfonce la charge. Il s'assure qu'elle est rendue par la longueur de la hampe, en rend compte au chef, et alonge le bras droit de toute sa longueur, la main gauche sur la volée et le corps incliné en avant. — ACTION.

10.ᵉ COMMANDEMENT.

REFOULEZ.

UN TEMPS.

Le servant de droite refoule deux coups ; il retire le refouloir et le passe au servant de gauche, qui le remet à sa place. — ACTION.

> *Nota.* Si l'on continue la manœuvre des pièces, on reprendra au second commandement.
> Si l'on ne continue pas, on termine par le commandement qui suit.

11.ᵉ COMMANDEMENT.

TAPEZ VOS CARONADES, AMARREZ LE COUVRE-LUMIÈRE.

UN TEMPS.

Le servant de droite remet la tape à la caronade.
Le chef de pièce va prendre le couvre-lumière,

le place et l'amarre ; puis il ôte le levier de pointage, qu'il fait remettre, ainsi que les autres attirails, où ils étaient avant la manœuvre ; le pourvoyeur reporte à la sainte barbe les cornes d'amorce, boîtes à étoupilles et les gargoussiers ; les servans de gauche reportent aussi les tabliers et les platines qui ne sont pas susceptibles de rester aux pièces.

Au roulement, chacun reprend son poste comme au commencement de l'exercice, et ne le quitte que lorsqu'on bat la breloque.

NOTES GÉNÉRALES.

(1) ROULEMENT. — A défaut de tambour, on y suppléerait par le commandement *roulement*, et l'on terminerait le mouvement par celui-ci, *fin du roulement*.

(2) DETAPEZ, DEMARREZ VOS CANONS. — Si le roulis n'est pas assez fort pour déranger l'affût lorsqu'il est au sabord, il est inutile de le maintenir par les palans de côté, et l'on supprimera tout ce qui se rapporte à cette précaution dans les divers commandemens.

Si au contraire le roulis est assez fort pour qu'il y ait du danger à décapeler les garans du bouton de culasse, ainsi qu'il est prescrit dans le troisième commandement, *pointez*, le chef les maintiendra ainsi jusqu'au commandement *feu ;* mais, avant d'armer la platine, il aura l'attention de faire mettre en dessous celui du coté où il prévoira qu'on devra jeter la culasse.

Si la pièce n'était pas chargée, on ne la ferait pas saisir au bouton de culasse par les palans de côté ; on la mettrait de suite hors de batterie par les moyens indiqués au premier temps du cinquième commandement, *feu*, et l'on continuerait la manœuvre par ce qui suit.

(3) DEGORGEZ, AMORCEZ. — Si l'on manque d'étoupilles, le chef amorce de la droite en introduisant de la poudre dans la lumière avec l'épinglette qu'il tient de la main gauche,

ayant soin. de ne pas laisser engorger la lumière ; ensuite il remplit le bassinet et fait une traînée de poudre qu'il prolonge autant qu'il peut du côté ou l'on doit mettre le feu. Il s'assure que la corne d'amorce est bien fermée, et il la prend à deux mains pour écraser la partie de la poudre qui doit être touchée par le boute-feu, puis il ôte avec soin le pulvérin qui peut être resté à la corne ; il la replace derrière lui et met le couvre-lumière.

(4) POINTEZ. – Aucune partie de l'exercice ne demande une attention plus particulière que le pointage ; il n'en est aucune sur laquelle les capitaines, officiers et maîtres doivent donner une instruction plus détaillée aux canonniers : ils ne doivent jamais manquer de le vérifier lors des exercices de détail, et toutes les fois que les circonstances le permettent lors des combats.

Comme les canonniers doivent pointer plus haut ou plus bas que l'objet, selon les distances où ils s'en trouvent, il faut qu'ils s'accoutument à les estimer.

Lorsqu'on tire à la distance de but en blanc, il faut pointer directement sur l'objet.

Cette distance est approximativement pour un canon et une caronade de 36, d'environ...... 650 mètres ou 3¼ encâblures.

Pour canons de 24, 18 et 12... 600   3.

Pour canons de 8, 6, 4 et caronade de 24........................... 500   2½.

Au-delà de ces distances, on doit pointer en dessus de l'objet, et d'autant plus qu'on est plus éloigné ; et en-deçà, l'on doit pointer en dessous : mais, comme les boulets pointés trop bas seraient perdus, tandis que ceux pointés trop haut peuvent toujours rencontrer quelques parties élevées du vaisseau, il vaut mieux pointer plus haut que bas.

Lorsqu'il y a double charge de projectiles, il faut pointer plus haut, parce qu'il en résulte moins de portée, et l'on ne doit point en faire usage au-delà de huit cents mètres ou quatre encâblures pour deux boulets ronds, quatre cents mètres ou deux encâblures pour un boulet rond et un ramé, ou une mitraille.

Pour peu qu'il y ait du roulis (ce qui existe presque toujours sous voiles), le chef doit pointer son canon horizontalement au moment où le vaisseau est droit.

Dans cette position, la ligne de mire passera tantôt au-dessus, tantôt au-dessous de l'objet; c'est à l'intelligence du chef de pièce à saisir l'instant où il doit faire feu, pour que son coup arrive au moment où l'objet se trouve dans la direction de la ligne de mire.

On ne doit jamais tirer lorsque le bâtiment baisse sur le côté où l'on se trouve, mais toujours lorsqu'il se relève, parce que les coups pointés trop haut peuvent rencontrer quelques parties élevées du vaisseau.

Si l'on doit dépasser promptement l'objet sur lequel on veut tirer, ou qu'on doive être dépassé de même par lui, le chef ne doit pas faire jeter sa pièce en avant ou en arrière pour chercher l'objet, il doit pointer à peu près en belle, veiller dans cette position l'instant où l'objet se présente, et faire feu de manière que son coup arrive au moment où cet objet se trouve dans la direction de sa pièce.

Le chef doit avoir la même attention sur les mouvemens d'aulofée ou d'arrivée, dont il doit savoir profiter pour diriger son feu de la manière la plus avantageuse, en saisissant le moment où il est à même de tirer le plus en belle possible.

Un tir trop oblique est très-incertain, fatigue beaucoup le bord, et occasionne plus de résistance aux boulets qui frappent le corps des vaisseaux.

Si l'on a besoin de pointer avec les caronades plus haut que ne le permet la vis de pointage, il faut l'ôter.

(5) FEU. — Si le coup n'est pas parti et que l'amorce ait brûlé, il faut laisser éteindre son feu et celui de l'étoupille avant de s'approcher du canon. Lorsque la lumière ne fume plus, le chef de pièce, et le servant chargé du vieux linge se portent à la culasse; le premier pour dégorger, amorcer et armer la platine, et l'autre, pour la nettoyer.

Le chef de la pièce examine sa direction et la rectifie s'il est nécessaire; puis il agit comme il est prescrit par le premier temps du commandement *feu*.

Lorsqu'à défaut de platines l'on est obligé de se servir du boute-feu, on continue l'emploi des étoupilles tant qu'il s'en trouve.

Lorsque par la position du vaisseau lors du tir, on craint que la violence du recul du canon n'aille jusqu'à briser la poulie du palan de retraite, il vaut mieux décrocher ce palan et le parer de manière que l'on puisse le raccrocher aussitôt que le coup est parti.

(6) BOUCHEZ LA LUMIÈRE ; ÉCOUVILLONNEZ. — Si le chef de pièce ne peut parvenir à parer la lumière, il en préviendra l'officier ou le maître le plus à portée, qui la feront dégager par les canonniers porteurs des vrilles et vilebrequins.

(7) LA GARGOUSSE DANS LE CANON; A LA POUDRE. — Lorsqu'on charge une pièce qui ne devant pas tirer de suite, est susceptible d'être déchargée, l'on met toujours un valet sur la poudre, et l'on a soin de l'attacher par un fil de caret avec le col de la gargousse, afin de pouvoir retirer celle-ci en même temps qu'on retire le valet.

(8) REFOULEZ. — Lorsque la mer est assez grosse pour obliger de fermer les sabords de la première batterie, aussitôt que le coup de canon est tiré, on doit mettre la volée à hauteur du hublot, afin de pouvoir y passer les hampes d'écouvillon et refouloir, et charger par ce moyen.

Si l'on est abordé par un vaisseau de manière que le mouvement de ces hampes de bois ne puisse avoir lieu, il faudra y substituer des écouvillons et refouloirs à hampes de corde, lesquels sont réunis pour tous les calibres.

(9) LE BOULET ET LE VALET DANS LE CANON. — On ne mettra qu'un projectile dans le canon, à moins que le commandant ne prescrive d'en mettre deux ; alors la charge pourra être de deux boulets ronds, ou d'un boulet ramé et d'un rond, ou d'une mitraille et d'un boulet rond ; mais pour ces deux dernières espèces de charge, le boulet rond sera toujours en avant, parce qu'ayant bien plus de vitesse que le boulet ramé ou la mitraille, s'il était derrière eux, il les choquerait fortement ; ce qui pourrait produire leur fracture ou beaucoup de déviation dans leur direction.

On ne doit jamais tirer dans les caronades qu'un projectile à-la-fois.

Service des deux bords et changemens de bords.

AVERTISSEMENT.

On suppose que les cornes d'amorce et les boîtes à étoupilles sont placées aux boutons de culasse des pièces du bord où l'on n'exerce pas, et que les autres parties de gréement et armement y sont aux emplacemens désignés pour le combat.

On suppose aussi que le service de tribord se fera toujours par les équipages des pièces impaires, à compter de l'avant, et celui de babord par les équipages des pièces paires; que l'équipage de chaque pièce ainsi disposée en fera le service, et de celle immédiatement à sa droite.

Lors du commandement qui annonce le service des deux bords, les officiers et maîtres rappelleront toujours aux chefs de pièce de leurs divisions s'ils doivent rester au bord où ils se trouvent, ou s'ils doivent passer au bord opposé.

COMMANDEMENT.

ARMEZ LES DEUX BORDS.

Les servans fixent le chef de pièce et attendent son signal, soit pour continuer la manœuvre, soit pour être détachés à la pièce voisine, soit pour passer à l'autre bord.

Si l'on se bat à tribord, les chefs des pièces impaires, à compter de l'avant, sont à leurs postes; et ceux des pièces paires doivent, avec leurs équipages, se porter aux pièces correspondantes à babord.

Si l'on se bat à babord, les chefs de pièces paires sont à leurs postes, et ceux des pièces impaires doivent, avec leurs équipages, se porter aux pièces correspondantes à tribord.

Aussitôt que chaque chef de pièce est assuré du bord où il doit combattre, celui qui doit rester à son poste détache de sa pièce à celle qui est immédiatement à sa droite, son chargeur ou premier servant de droite, son second et troisième servant de droite ; en observant que, si le chargeur avait commencé la charge de sa pièce, il attendrait qu'elle fût terminée avant d'indiquer ce mouvement.

Ces trois hommes détachés restent pendant toute la manœuvre des deux bords à la pièce voisine ; le chargeur y est chef de pièce ; il y reçoit d'abord la corne d'amorce et la boîte à étoupilles ; le second servant de droite est chargeur, et le troisième fournisseur. Les mêmes fonctions sont remplies à la pièce du chef pendant toute cette manœuvre par le chef, le premier et le second servant de gauche.

Le chef de pièce qui devra passer à l'autre bord, n'en fera le signal qu'après avoir bien assujetti sa pièce, si elle était au recul ; fini sa charge, si elle était commencée ; avoir été relevé par le chargeur de la pièce voisine, lui avoir remis la corne d'amorce et la boîte à étoupilles : il lui fera connaître si la pièce est chargée.

Au signal du chef, il se portera à la pièce du bord opposé avec tous les servans, à l'exception du chargeur, des premier et second servans de droite, qui, à ce même signal, passeront de suite à la pièce voisine de celle du chef, à droite.

Les dispositions pour le service de ces deux

pièces seront les mêmes que pour celles dont les équipages n'ont point changé de bord; et leurs chefs prendront de suite les cornes d'amorce et boîtes à étoupilles qui se trouveront amarrées aux boutons de culasse.

Aussitôt que les destinations sont faites aux deux bords, chaque chef fait passer à gauche l'écouvillon et le refouloir pour les mettre sous la main du fournisseur. Le pourvoyeur, chargé du service de deux pièces, mettra la plus grande célérité en allant chercher la poudre, et aura l'attention de la porter toujours au canon que l'on charge.

La manœuvre et le feu commencent par la pièce du chef, aussitôt qu'elle a fait son recul, on met la pince en avant des roues; on fait la demi-clef sur le palan de retraite; et, pendant que cette pièce se charge avec les trois hommes désignés, les autres se portent à la pièce voisine de droite pour la mettre en batterie, la pointer, la tirer et l'arrêter au recul, et ainsi de suite; en sorte que pendant qu'une pièce se charge avec les trois hommes qui lui sont constamment attachés, l'autre est mise en batterie, pointée, tirée et arrêtée au recul par le reste de l'équipage qui sert aux deux pièces.

Si le nombre des pièces d'une batterie est impair, l'équipage des deux dernières pièces de l'arrière les manœuvrera ensemble, comme il a été dit pour deux pièces voisines.

Pour les équipages des canons de 8 et au-dessous, ainsi que des caronades, lesquels ne sont pas assez nombreux pour se diviser, on suivra les mêmes principes pour leur destination de chaque bord; alors on ne pourra servir que la moitié des pièces: mais, s'il devenait utile de rapprocher le feu de l'avant ou de l'arrière, il faudrait ordonner à chaque équipage de se serrer du côté où l'on voudrait le faire, de manière à ne laisser aucun intervalle.

Les deux bords étant armés, si l'on veut faire passer tous les équipages des pièces à un seul bord, on commande, si c'est pour tribord,

CANONNIERS TOUS A TRIBORD.

Le chef de pièce et les chargeurs qui en font les fonctions à tribord, continuent leur service.

A babord, ils font charger toutes les pièces; ils mettent les couvre-lumières; ils assujettissent celles de la première batterie à la longueur du recul par le moyen de la pince mise en travers en avant des roues de l'affût, et d'une clef faite au palan de retraite, afin de pouvoir fermer les sabords en cas de besoin, et ils mettent celles des autres batteries au sabord, en les amarrant au moyen des palans de côté; ils déposent les boîtes à étoupilles et cornes d'amorce contre les boutons de culasse; le chargeur et les servans viennent joindre le chef de pièce, et, au signal de ce dernier, tous se portent ensemble à la pièce correspondante à tribord. Si ce chef n'y trouve que trois hommes, il attend que la charge soit finie; alors le chargeur de la pièce voisine qui remplit les fonctions de chef, lui remet la corne d'amorce et la boîte à étoupilles, puis retourne à sa pièce, chacun reprend son poste; et les chefs de pièce font repasser les écouvillons et refouloirs de gauche à droite.

Si le chef qui était à babord arrive après que la charge est finie, il se met de suite en possession de la pièce.

AVERTISSEMENT.

Ce qui précède indique ce qu'on doit faire pour deux changemens de bord ; mais il en est un troisième, indépendant du combat des deux bords : c'est lorsque, se battant sur un seul bord, on veut faire passer tous les canonniers sur celui qui est opposé ; alors on commande :

ARMEZ L'AUTRE BORD.

Toutes les pièces de la première batterie, chargées ou non, sont assujetties à la longueur du recul, afin de pouvoir fermer vivement les sabords si les circonstances l'exigeaient. Pour celles qui sont chargées, chaque chef passe de suite avec tout son équipage à la pièce du bord opposé ; et pour les autres, il laisse son chargeur, les second et troisième servans de droite pour la charger de la manière indiquée à l'école des deux bords. Aussitôt qu'ils auront fini, ils prendront leur poste à la pièce opposée.

On se conduira de la même manière aux autres batteries, excepté que les pièces qui seront aux sabords y seront amarrées au moyen des palans de côté.

Chaque chef a soin de mettre le couvre-lumière à sa pièce aussitôt qu'elle est chargée. En la quittant, il dépose contre le bouton de culasse la corne d'amorce et la boîte à étoupilles ; il retrouve ces objets à la pièce du bord opposé qu'il va servir.

Diverses Parties des Bouches à feu et de leurs Affûts.

Il est nécessaire de connaître, pour les manœuvres, diverses parties de canons, caronades et de leurs affûts; suivent leur dénomination et leur usage.

La longueur du canon et de la caronade se divise en trois parties principales :

1.º La volée, qui commence à l'extrémité où est l'ouverture de la pièce, et finit un peu en avant des tourillons ;

2.º Le renfort, qui commence à la fin de la volée et finit à la plus forte grosseur de la pièce vers son extrémité ;

3.º Le cul-de-lampe et son bouton, appliqués contre le renfort.

Noms d'autres Parties essentielles.

L'ame.	Reçoit la charge.
La bouche.	Entrée de l'ame.
Le bourrelet.	Renflement considérable de métal près de la bouche ; il sert pour le pointage.
Les tourillons pour canons. . Le support pour caronade. . .	En arrière de la naissance du renfort, maintiennent la pièce sur son affut.
Lumière.	Percée près du fond de l'ame sert à amorcer.
La culasse.	Est la partie pleine de la pièce ; elle commence après le fond de l'ame.
Support de batterie.	Renfort vers l'extrémité de la culasse pour placer la batterie.

POUR LES CARONADES SEULEMENT.

Un trou de brague.	Placé sur le bouton ; sert à passer la brague.
Un trou de vis.	Sert à placer la vis de pointage.

L'Affût à canon se compose de parties en bois.

Deux flasques.	Pièces principales sur lesquelles sont faites les encastremens des tourillons pour porter la pièce.
Entretoise.	Forte pièce de bois pour maintenir les deux flasques.
Essieux et roues.	Supportent les flasques.
Nota. Les coussins et coins de mire. .	Sont portés aux armemens.
Sole.	Pièce de bois placée d'un essieu à l'autre, pour recevoir les coussins et coins de mire, lors du pointage.

Noms de quelques Pièces en fer.

Les susbandes.	Maintiennent la pièce par les tourillons, lors du tir.
Deux chevilles à mentonnets.	Retiennent le devant des susbandes et fixent l'essieu de devant aux flasques.
Deux chevilles à tête plate. .	Maintiennent le derrière des susbandes par le moyen de clavettes.
Deux chevilles à tête ronde.	Près du premier adent ; servent à contenir le bois des flasques.
Deux chevilles à tête carrée.	Sur le second adent : servent à fixer l'essieu de derrière aux flasques.
Deux pitons de côté.	Placés contre les flasques, ne servent que pour amarrer la pièce à garans doublés.

Deux pitons de manœuvres. .	Placés sur le dernier adent ; servent à la manœuvre de la pièce et à la mettre à la serre.
Quatre esses.	Servent à retenir les roues dans les essieux.

L'Affût de Caronades en fer se compose des parties en bois ci-après :

La semelle.	Reçoit la coronade.
Le châssis.	Porte la semelle qui se meut dans sa coulisse.
Les supports de châssis. . . .	Sont placés vers chaque extrémité pour faciliter les mouvemens du châssis, en diminuant son poids et son frottement.

Parties en fer.

PRINCIPALES FERRURES DE LA SEMELLE.

Un boulon-tourillon.	Passé dans le support de la caronade pour en former les tourillons.
Deux crapaudines.	Placées vers l'avant, reçoivent le boulon-tourillon pour maintenir la caronade.
Un pivot.	Placé vers le derrière des crapaudines, au centre et en dessous de la semelle, sert à lui donner les mouvemens obliques.
Deux boucles de brague. . .	Placées vers les deux tiers de la longueur, elles servent à passer la brague, afin de diminuer l'effort qui fait basculer la caronade lors du tir. Elles peuvent aussi servir à palanquer la semelle.
Quatre boulons d'assemblage.	Deux sont placés vers le devant et les deux autres fixent les anneaux de la brague ; tous quatre maintiennent le bois de la semelle.

Une plaque de levier et de vis de pointage.	Placée contre le derrière, le dessus et le dessous de l'affût, sert à empêcher les dégradations, sur la semelle, des leviers et vis de pointage.

Nota. La vis et le levier de pointage sont portés aux armemens.

FERRURES PRINCIPALES DU CHASSIS.

Une cheville ouvrière.	Placée vers la tête du châssis, sert à le mouvoir obliquement en le maintenant contre le bord.
Un piton de la cheville ouvrière.	Sa tête reçoit la cheville ouvrière, et sa tige traverse le bord ; il maintient le châssis au moyen de la cheville ouvrière.
Un briquet.	Plaque de fer de cette forme. Son bord affleure l'intérieur de la coulisse ; il reçoit les chocs du pivot et de sa rondelle ; il contribue à empêcher l'écartement des deux côtés du châssis.
Quatre boulons d'assemblage. .	Deux vers le devant du châssis et deux autres vers son derrière : ces derniers ont des têtes comme celle des pitons, pour manœuvrer le châssis avec des palans et le fixer sur le pont. Tous les quatre maintiennent son bois.
Plaque de levier de pointage. .	Comme celle de la semelle. On peut pointer par le châssis, lors des grandes obliquités, pour diminuer d'autant celle de la semelle, et par conséquent l'effort qui en résulte, lors du tir, sur son châssis.

Amarrage pour maintenir les bouches à feu solidement à bord.

L'amarrage indiqué dans l'exercice se nomme *à garans simples*; il est usité dans les rades et à la mer, dans les beaux temps : mais dans les mauvais temps, les canons des batteries basses sont à la serre, et les autres à garans doublés. Il arrive aussi quelquefois qu'on doit élonger les canons contre le bord. Suivent les diverses espèces d'amarrages.

Canons à la serre.

La culasse repose sur la sole de l'affût; le tiers de la bouche environ est appuyée contre la serre au-dessus du sabord; les poulies doubles des palans de côté s'accrochent aux boucles des bragues contre le bord, la poulie simple aux pitons sur l'adent des flasques.

On passe le garant sur le collet du bouton, et de là au croc près du sabord du dedans au dehors; on fait aussi deux ou trois tours; puis l'on fait une bridure de trois tours au ras de la plate-bande de culasse, et un tour à la hauteur du troisième adent de l'affût, pour venir ensuite faire une bridure sur le derrière de la poulie simple où l'on emploie le reste du garant. Cette opération se fait des deux côtés du canon.

Les deux côtés de la brague passent par-dessous les fusées de l'essieu de devant; l'aiguillette les embrasse par trois tours; elle repasse ensuite par-dessus les palans, qu'elle serre avec la brague par trois autres tours qu'elle réunit en passant ses bouts entre les palans et bragues; puis elle embrasse et serre fortement tous les tours par le milieu au moyen d'une bridure, et on l'arrête.

La volée est contenue par le raban de volée, qui fait plusieurs tours dessous et dans la boucle du raban placée au-dessus du sabord. La poulie double du palan de retraite est accrochée à la boucle de raban de sabord, et la simple à une estrope qu'on met autour du collet du bouton de culasse. On roidit bien le palan; on passe ensuite plusieurs tours du bouton à la boucle de raban, et l'on fait avec le reste deux bridures, dont une sur la plate-bande de culasse, et l'autre sur la volée.

Lorsque les roulis sont considérables, on joint à ces précautions celle de clouer sur le pont, derrière les roues de l'affût un *cabrion*, qui est un morceau de bois taillé en coin et maintenu solidement par des clous.

Canons à Garans doublés.

La poulie double des palans de côté s'accroche à la boucle de la brague; et la simple au piton contre le côté de l'affût. On fait avec un garant deux tours du bouton de culasse aux crocs, et trois tours de bridure sur la culasse, d'abord du côté où est le garant, puis de l'autre côté du canon; on passe ensuite son bout dans une boucle placée sur le pont, et il vient faire croupière en passant par-dessus la culasse en dedans de la partie du garant qui s'y trouve; il est arrêté par une bridure sur la croupière.

L'autre palan s'amarre à l'ordinaire en faisant passer le garant par-dessus celui qui est doublé, afin de l'avoir toujours à sa disposition, si les circonstances exigeaient un amarrage plus solide.

Les bragues sont repliées le long des flasques, et le palan de retraite est placé sur le canon.

Canon élongé contre le bord.

On place le canon contre le bord ; on accroche les poulies simples des palans à des estropes qui embrassent les fusées extérieures des essieux de derrière, et les poulies doubles aux boucles de la brague, de manière que les palans se croisent ; on passe plusieurs tours de garans dans les crocs et sous les fusées des essieux, et l'on finit l'amarrage par une bridure au ras de la fusée.

Autres moyens moins usités d'amarrer les canons.

On passe un grelin tout au tour de la batterie on le roidit bien aux deux extrémités du vaisseau, en le faisant porter sur tous les boutons de culasse des canons ; entre chaque pièce il y a des boucles placées contre le bord, dans chacune desquelles on passe une aiguillette que l'on fixe sur le grelin, et on les roidit toutes à-la-fois.

Il est un autre moyen de mettre à la serre lorsqu'on craint de fatiguer le bord : l'on place sur le pont, vers le derrière de l'affût, des boucles de fer goupillées solidement par-dessus ; leur position est telle, que la bouche du canon se trouve à quatre ou cinq pouces du bord ; l'on prépare un cordage proportionné au calibre de la pièce, dont les deux bouts sont repliés et épissés afin de pouvoir former par des amarrages un œillet susceptible de recevoir la fusée de l'essieu. Ce cordage se nomme *fausse brague* : il doit être assez long, pour que ses œillets, embrassant les fusées de l'essieu de devant, il soit aiguilletté sur la boucle de derrière en passant par-dessus les derniers adents de l'affût. L'amarrage se fait d'ailleurs comme dans l'autre manière de mettre à la serre : la fausse brague peut s'alonger ; mais la bouche du canon se trouvera toujours au moins à trois pouces du bord. Si on fait usage des cabrions, on les mettra en avant des roues de devant.

> *Nota.* Si un canon de gros calibre se démarre subitement et obéit au roulis, il ne faut pas couper les roues : l'on jette sur son passage quelques sacs à valets ; quatre hommes adroits saisissent promptement un levier et engagent le siflet sous les roues de devant et derrière ; ce qui donne le temps de saisir le canon avec des cordages pour les ramener à bord.

Amarrage des Caronades.

On maintient les caronades en roidissant leurs bragues et maintenant leurs affûts par des aiguillettes passées dans les pitons de derrière du châssis, et les boucles qui sont fixées à leur côté sur le point.

Changement d'affût d'un canon à bord.

Il y a plusieurs moyens d'exécuter cette manœuvre : ils vont être indiqués, afin qu'on puisse employer le plus avantageux relativement aux attirails dont on est pourvu et à la position du canon.

1.er *Moyen.* Par la machine dite à monter et démonter les canons et formée de

Deux civières à canon, garnies chacune de deux poulies simples, proportionnées à la grosseur des itaques et dont les caisses aient le moins de longueur possible.

Deux estropes garnies de même ;

Quatre itaques proportionnées aux calibres des canons, ayant un bout garni d'une cosse, et l'autre en queue de rat.

On se sert de deux boucles placées au barrot, l'une à environ trois pieds ou un mètre, et l'autre à neuf pieds ou trois mètres.

Pour l'exécution, on dispose le canon de manière que sa culasse et sa volée soient sous les deux boucles du barrot ; on passe une estrope dans chacune ; elle tient d'un côté à une poulie simple qui y est absolument fixée, et dès que l'autre bout est passé dans la boucle, on y amarre solidement une autre poulie, mais de manière qu'on puisse la démarrer facilement lorsque la manœuvre est finie.

On saisit le canon à la volée et à la culasse avec deux civières qui doivent faire un tour mort au tour du canon ; elles sont aussi garnies chacune de deux poulies simples qui doivent se présenter de chaque côté de la pièce et à égale hauteur.

On passe chaque itaque dans une poulie de l'estrope de la boucle, puis dans celle correspondante de la civière, et l'on ramène son bout pour le fixer par un dormant à la boucle.

Les quatre poulies doubles des quatre palans sont accrochées aux quatre cosses des itaques ; quant à leurs poulies simples, celles des palans de derrière le sont aux boucles des palans de retraite des canons voisins, et celles de devant aux boucles fixées à la serre-gouttière, et, à leur défaut, dans celles placées pour fausses bragues, immédiatement sur le derrière des affûts voisins ou autres qui se trouveraient dans la direction et à la distance convenables. Les palans de devant sont dirigés à droite et à gauche de la pièce, perpendiculairement à son axe, et ceux de derrière le sont en éventail en arrière du canon.

On ôte les susbandes, et au commandement *ferme*, les hommes agissent ensemble pour élever la pièce jusqu'à ce qu'on puisse ôter l'affût. Ce moyen exige deux équipages de canons; mais il est le plus sûr pour les gros calibres, et convient toujours le mieux dans les gros temps.

2.ᵉ *Moyen*. Si l'on veut changer l'affût d'un canon sans le secours d'aucune machine, on saisit solidement la pièce à la boucle de serre par le raban de volée; on passe ensuite le milieu d'un bon cordage sous le collet du bouton, et ses bouts dans la boucle de dessus; on ôte les susbandes; on place sous le bouton deux forts leviers sur lesquels on fait effort pour élever le canon jusqu'à ce qu'on puisse retirer l'affût de dessous. A mesure qu'il s'élève, on abraque le cordage passé sous le collet du bouton; et dès qu'il est assez élevé, on fait une quantité de tours suffisante pour en supporter le poids pendant qu'on change d'affût.

3.ᵉ *Moyen*. Lorsque l'affût qu'on veut changer se trouve sous les passe-avants ou les gaillards, on transporte la pièce sous les caliornes ou candelettes du vaisseau, au moyen desquelles il est facile d'enlever et replacer le canon.

4.ᵉ *Moyen*. Si l'affût est brisé et le canon tellement placé qu'on ne puisse employer aucun des moyens précédens, après l'avoir élevé sur deux chantiers, on le dispose la lumière en dessous ; on pose l'affût sans roues sur le canon, de manière que toutes les parties se correspondent ; on met les susbandes et les clavettes en place ; on passe deux trévires, un sous le cintre de l'affût, et l'autre en avant de l'essieu de devant ; ils embrassent le canon et son affût par plusieurs tours, on passe ensuite un levier dans l'ame de la pièce ; au moyen duquel et des trévires on commence à renverser le canon. Dès que les fusées des deux essieux touchent le pont, on y cloue un cabrion pour les empêcher de glisser ; on place des cordages de retenue du côté opposé à celui des trévires pour modérer l'effort du choc sur le pont, lorsqu'il tombe sur sa base ; l'on embarre des pinces et des leviers à mesure que l'élévation de l'affût le permet ; puis, faisant effort à-la-fois sur ces leviers, la bouche et les trévires , garnissant le dessous de l'affût à mesure que le canon s'élève , et maintenant fortement les cordages de retenue au moment où l'affût va tomber sur sa base , on achève de remettre le canon dans sa position ordinaire ; après on place les roues de l'affût, et on le conduit au sabord.

Nota. Dans le cas où, faute d'affût de rechange on est obligé de descendre le canon sur le pont ; alors, s'il fait mauvais temps, on le place sur deux chantiers et l'on a soin de le bien saisir au moyen de quatre mains de fer ou galoches placées de chaque côté de la culasse et de la volée et clouées solidement sur le pont, lesquelles serviront à passer de bonnes aiguillettes dont les tours seront assez multipliés autour du canon pour être certain qu'il ne peut démarrer.

RÉGLEMENS.

Mode d'exercice pour les Officiers et les Equipages.

ARTICLE PREMIER.

Tous les officiers de vaisseau et aspirans devront savoir commander l'exercice du canon eux-mêmes, et en expliquer les détails.

2.

Chaque officier sera chargé de l'instruction particulière d'un certain nombre de pièces, proportionné à celui des officiers embarqués sur chaque bâtiment.

3.

Un ou plusieurs aspirans seront affectés à chaque officier, pour commander sous ses ordres l'exercice des pièces dont il a l'instruction.

Cet officier et ces aspirans commanderont eux-mêmes, chacun un tour au moins dans chaque exercice.

4.

Pour assurer les élémens de l'instruction du canonnage, chaque commandant des bâtimens de Sa Majesté, ou, à son défaut, le commandant en second, réunira d'abord tous les chefs de pièces

et les chargeurs; il les divisera en autant d'équipages qu'ils peuvent armer de pièces, et les fera
exercer, en sa présence, deux fois par jour jusqu'à
ce qu'il se soit assuré que chacun d'eux le connaisse
parfaitement. Ils répondront ensuite de l'exécution
des manœuvres, lorsqu'ils seront employés comme
chef de pièce avec les autres marins.

5.

Les marins destinés pour l'artillerie et qui ne
connaîtront pas son exercice, le feront deux fois
par jour. Il sera affecté à chacune des pièces qu'ils
serviront, un instructeur particulier qui répon-
dra de l'avancement et de l'exactitude de leur
instruction.

Les officiers chargés de ces pièces exempteront les
marins de ce service, à mesure qu'ils les jugeront
assez instruits pour les exercices généraux.

6.

Lors des exercices prescrits par les deux articles
précédens, on instruira en même temps les chefs
de pièce, chargeurs et canonniers sur la dénomination et l'usage des diverses parties des bouches
à feu et de leurs affûts, ainsi que des attirails,
ustensiles et munitions; après, on les exercera,
conformément aux cas particuliers prévus par les
notes, à l'école des deux bords, puis aux divers
amarrages des bouches à feu et à leurs changemens d'affûts à bord.

7.

Dans les exercices généraux de toute une batterie, la manœuvre sera commandée, soit par

un officier de vaisseau, soit par un officier d'artillerie, au choix du capitaine.

Ce choix devra varier, de manière que le commandement passe successivement à tous les officiers dans les divers exercices du mois.

8.

Les premiers exercices généraux seront entièrement détaillés. Lorsque l'instruction sera complète, on détaillera toujours au moins le premier tour, quant aux autres, on exprimera d'abord les commandemens et les numéros des temps : on exercera ensuite, au son du tambour ou du cor, pour chaque commandement, puis à volonté.

Lors des tours d'exercice qui ne seront pas détaillés, les officiers, les maîtres et chefs de pièce veilleront avec la plus grande attention à ce que tous les mouvemens s'exécutent complètement et dans l'ordre prescrit.

Ecole du tir à boulet.

9.

Il sera choisi un lieu convenable pour l'établissement d'une butte en terre, dans les ports qui en seront susceptibles. Cette butte sera disposée de manière que les bâtimens de guerre puissent y tirer au mouillage et à la voile. A son défaut l'on cherchera des positions qui mettent à même de trouver les boulets tirés.

10.

Dans toutes les rades où il y aura des forces navales, et où l'on ne pourra tirer à terre, il sera établi des buts flottans qui serviront à exercer à la voile et au mouillage : ils seront placés, autant qu'il sera possible, de manière que les boulets tirés puissent être trouvés, soit à terre, soit sur des plages découvertes, à marées basses.

11.

On ne commencera l'exercice du tir à boulet qu'après s'être assuré de l'instruction des canonniers sur la manœuvre et le pointage, et après avoir exercé leur coup d'œil, au moyen d'amorces brûlées au mouillage ou en panne et à la voile.

12.

L'exercice du tir à boulet ne se fera d'abord qu'au mouillage ou en panne. Lorsqu'on y aura acquis quelque adresse, on passera à celui à la voile, et ensuite on s'occupera principalement de ce dernier autant que les circonstances le permettront.

13.

Ces exercices seront dirigés de manière que chaque chef de pièce puisse y ajuster deux coups toutes les fois qu'ils auront lieu ; et ils seront faits avec la plus grande économie, se servant des bouches à feu des plus petits calibres, des boulets les moins propres au combat ; réduisant la charge de poudre au quart de leur poids pour les canons, au douzième pour les caronades en fer ; et enfin en substituant les gargousses de papier à celles de parchemin ou serge.

Ces munitions ne pourront jamais être prises sur celles de l'armement.

On recherchera avec soin les boulets tirés susceptibles d'être trouvés ; et ceux rapportés à bord des bâtimens seront en déduction de ceux que le port devra fournir pour lesdits exercices.

Sur la demande des commandans de bâtimens, ou à défaut de boulets pour caronades, ils pourront être remplacés par ceux des canons des plus petits calibres employés.

14.

Ces exercices seront divisés en deux classes : la première, immédiatement après l'armement, pour former l'instruction ; et la seconde ensuite, pour l'entretenir.

15.

Ceux de première classe auront lieu deux fois par semaine pendant deux mois. Si au bout de ce temps, il n'y en avait pas eu vingt, on continuerait de même jusqu'à ce que ce nombre fût complété.

Ceux de seconde classe auront lieu deux fois par mois.

16.

Lorsqu'on ne pourra faire l'exercice à la voile avec les vaisseaux et frégates, on y suppléera par des corvettes ou bricks d'instruction, qui porteront de chaque bord le nombre de canons et caronades ordonné pour l'exercice des vaisseaux de soixante-quatorze et frégates de dix-huit. Les canons seront des calibres de 8 ou 6, et les caronades, de 24.

17.

Après chaque exercice, le commandant du bâtiment, son second et l'officier chargé de l'artillerie se réuniront pour désigner les chefs de pièce qui auront le mieux tiré ; ils en tiendront une note ; et à la fin du mois, il en sera fait un relevé d'après lequel les commandans des forces navales, ou les préfets, seront autorisés à proposer au ministre d'accorder des gratifications de 20 *francs* pour les exercices de première classe, et de 10 *francs* pour ceux de la seconde : mais il ne pourra en être demandé au-delà de

Quatre pour les vaisseaux à trois ponts,

Trois pour les autres vaisseaux,

Deux pour les frégates,

Un pour les corvettes ou bricks.

École de théorie.

18.

Il est ordonné à tous commandans des bâtimens de Sa Majesté, d'établir à son bord une école théorique à laquelle seront appelés tous les chefs de pièce et chargeurs.

19.

Les séances de l'école seront dirigées par le commandant du vaisseau ; et, lorsqu'il ne pourra s'y trouver, par le commandant en second.

20.

Les détails de théorie se porteront principalement sur,

1.º Les dispositions à prendre pour le service des bouches à feu lors du branle-bas de combat ;

2.º Les divers exercices et les notes y relatives ;

3.º L'équipement, l'armement, les ustensiles et attirails des pièces, leur place pendant et après le combat, et leur usage ;

4.º Les dénominations et usages des différentes parties d'une bouche à feu et de son affût ;

5.º Les diverses manières de mettre un canon à la serre, ainsi que toute autre espèce d'amarrage des pièces à bord.

6.º Les manœuvres de force du bord.

Ces détails seront expliqués aux canonniers par les officiers que le commandant aura désignés ; et lorsque les canonniers seront instruits, il désignera, selon qu'il le jugera à propos, les plus capables d'entr'eux pour expliquer ces détails à l'école.

21.

L'école de théorie se réunira tous les jours, dans le premier mois de l'armement, à la sainte barbe, s'il pleut ; et à bâbord du gaillard d'arrière, s'il fait beau.

Il y aura, à chaque séance de l'école, à bord d'un vaisseau de soixante-quatorze, quarante hommes pour y assister, indépendamment des officiers et aspirans que le commandant aura désignés. A bord des autres bâtimens, il y assistera un nombre d'hommes proportionné d'après les forces des équipages.

La séance devra durer au moins une heure.

22.

Si dans le mois les détails ont été bien compris de tous ceux qui ont dû suivre l'école, les séances pourront n'avoir plus lieu que deux fois par semaine dans le second mois de l'armement, et tous les quinze jours dans le troisième mois et les suivans, si l'instruction est complète.

Mais les commandans des vaisseaux de Sa Majesté étant personnellement responsables de l'instruction des marins, en ce qui concerne le service de l'artillerie, c'est à eux à multiplier les exercices du canon et les séances de l'école de théorie autant qu'ils le jugeront nécessaire pour cette instruction.

Le Ministre de la Marine et des Colonies,

Decrès.

TABLE.

FIN.